NOTES

SUR LES

SŒURS GRISES

établies à Hazebrouck au XVe siècle

PAR

M. H. THÉRY

LILLE

IMPRIMERIE LEFEBVRE-DUCROCQ

—

1884

NOTES

SUR LES

SŒURS GRISES

établies à Hazebrouck au XVe siècle

PAR

M. H. THÉRY

LILLE

IMPRIMERIE LEFEBVRE-DUCROCQ

1884

(Extrait des ANNALES du Comité flamand de France).

NOTES

SUR LES

SŒURS GRISES

établies à Hazebrouck au XVe siècle

PAR

M. H. THÉRY

Depuis quelques années, nous nous occupons de recherches sur la ville d'Hazebrouck, son sol, son histoire, ses institutions et ses communautés religieuses.

La somme de documents que nous avons recueillis jusqu'à ce jour est encore trop incomplète, pour nous permettre de publier quelque partie importante de notre travail; cependant, à la demande de M. l'abbé Van Costenoble, vice-président du Comité Flamand de France, nous avons consenti avec plaisir à détacher de l'historique des Sœurs Grises [1] de notre ville, l'analyse des registres de vêtures, professions et décès de leur monastère.

---

[1] Sainte Elisabeth, reine de Hongrie, étant la première tertiaire qui ait fait des vœux solennels, est regardée par les Sœurs Grises comme leur mère. Elles prennent parfois, en souvenir d'elle, le nom de « Religieuses de Sainte-Elisabeth ».

Ces registres, déposés au greffe du tribunal d'Haze-brouck, sont au nombre de trois [1]. Ils comprennent chacun douze feuillets in-folio et s'étendent :

Le 1er, de 1737 à 1742 ;
Le 2e, de 1743 à 1760 ;
Le 3e, de 1760 à 1780,

soit une période de quarante-quatre ans.

[1] Une note de M. Preux a signalé au Comité Flamand l'existence, au greffe d'Hazebrouck, de nombreux registres de vêtures. Des recherches attentives de notre part nous permettent de compléter, aujourd'hui, cette note intéressante :

		NOMBRE de cahiers			
		d'après M. Preux	d'après M. Théry		
1o	Sœurs grises d'Estaires......	8	7	1743 à 1788	Une lacune l'année 1753
2o	Dominicaines de Merville....	3	3	1737—1778	Sans lacune
3o	Abbaye de Woestyne........	4	4	1737—1767	Une lacune 1752—1761
4o	— de Beaupré........	9	9	1737—1782	Sans lacune
5o	Trinitaires de Pré-à-Vin.....	1	2	1737—1778	Une lacune 1741 et 42
6o	Sœurs grises de Bailleul.....	3	2	1737—1762	Sans lacune
7o	Sœurs noires de Bailleul.....	1	1	1737—1778	Sans lacune
	Capucins de Bailleul........		9	1737—1788	Sans lacune
	Jésuites de Bailleul.........		1	1737—1745	Sans lacune
	Sœurs grises d'Hazebrouck..		3	1737—1780	Une lacune 1741 et 1742
	Augustins d'Hazebrouck.....		8	1737—1789	Une lacune 1742 à 1749

(Il est à remarquer qu'aucun de ces registres n'est antérieur à la célèbre ordonnance rendue par Louis XV à propos des actes de l'état-civil. — *Note de M. A. Bonvarlet*).

Chacun de ces registres commence par la déclaration suivante :

L'an 1737, le 2me de juillet, en verteu de la declaration du Roy donnees à Versailles le 6 fevrier 1737 concernant la forme de tenir les registres pour inscrire les actes de vetures, noviciat et professions, nous sœur Marie Rose Maryn suprieure actuelle de notre couvent des sœurs grises du tiers ordre de St Francois en la Ville d'Hasebroucq avonts cottoyé et paraphez le present registre contenant douze feulliets apres avoir este authorisé par la communaute capitulairement assemble en foy de quoy nous avons signés

Soeur M: R: Maryn
Sœur bonaventure Mooreet anciene
Sœur M: Joanna De Doncker mere ancienne
Sœur Isabelle Cleire Mary anciene

De plus, chaque registre porte au verso du dernier folio la mention suivante :

Aussi cottoiez et paraphez ce présent registre contenant douze feuillets par la soussignée, jour et an que dessus.

(1er registre) Le douziesme de juillet 1737.

Sœur M: R: Maryn, suprieure
Sœur Bonaventure, Mooreet anciene
Sœur M: Joanna De Doncker, mere ancienne
Sœur Isabelle Cleire Maryn anciene

(2e registre) Le 22 de février 1743.

Sœur Marie C: Permeke suprieure
Sœur M: R: Maryn mere ancienne
Sœur Seraphyne Rouseré mere Maerthe
Sœur Isabelle Cleire Maryn anciene

(3e registre) Le 4 octobre 1760.

Sœur Augustine Matsaert suprieure

La déclaration du 2ᵉ registre est signée :

> Sœur M: C: Permeke superieure
> Sœur Seraphyne Rouseré mere Marthe
> Sœur M: R: Maryn mere ancienne
> Sœur Isabelle C: Maryn ancienne

Et celle du 3ᵉ :

> Sœur Marie Augustine Matsaert superieure
> Sr Carolyne Permeke
> Sr Marie Monica Bels

REGISTRES

de vêtures, professions et décès.

Le premier acte porté aux registres est la profession de Sœur Jeanne-Rose de Saint-Joseph, MARIE-CORNÉLIE DOGE, en date du 2 juillet 1737.

Le dernier est la prise d'habit de JEANNE-THÉRÈSE DU BOIS, sœur Marie-Caroline de Saint-François, le 21 janvier 1780.

VÊTURES.

Procès-verbal de prise d'habit.

L'an mil sept cent trente huit le dix neuf de juin les Religieuses du tiers ordre de Sᵗ François establi dans la ville d'Hasebroucq ont résolu d'admetre a la vesture Mari Therese Van Dromme fille legitime de Pierre Van dromme prez Isabelle Faget laquelle a été admise par toutes les voix de notre communauté et en suivant de même année à laquelle a été donné l'habit jour mois, et année susdit.

En foy de quoy la dite Thérèse Van Dromme a ici signé avec la mère suprieure.

> Sœur Genoveva Van Dromme
> Sœur M: R: Maryn suprieure

L'habit religieux pouvait être donné à plusieurs postulantes à la fois ainsi que cela ressort des procès-verbaux suivants :

L'an mil sept cent soixante-deux le 24 d'octobre par commission du très révérend père François Daniel Gricourt, ministre provincial des RR. PP. récollets d'Artois et définiteur général de tout l'ordre séraphique, n'ayant trouvé aucun empêchement canonique, nous avons donné l'habit de religion dans notre dévot monastère des religieuses du tiers ordre de St-François en la ville d'Hazebrouck, à

Marie Catherine Salomé, fille légitime d'Antoine Salomé et de Marie Pétronille Barts, âgée de 21 ans, native de Moorbeeck ; et à Marie Joanne Rose Salomé, fille légitime de Mathieu Salomé et de Marie Catherine Therale, âgée de 20 ans native de Moorbeeck, auxquelles nous avons donné le nom de Marie Cecile de St-Bertin, la première ; la seconde, de Marie Coleta de St-Jean Capistran.

En foi de quoi nous avons signé les jour mois et an que dessus.

> F. Bertin Cauche, récolet Gardien
> S. Carolyne Permeke, superieure
> S. Augustine Matsaert, moeder

Suster Mary Cecilie Salomé
Suster Mary Colleta Salomé

(Sœur Colette Salomé est sortie le 25 mai 1763 étant novice [1].)

L'an mil sept cent quarante-deux, le 5 d'août, par commission du très révérend père Aubert Hazard, lecteur jubilé de théologie et provincial actuel des RR. pères Récollets de la province de Saint-Antoine de Padoue, en Artois, n'ayant trouvé aucun empêchement, avons donné l'habit de religion dans notre dévot monastère d'Hazebrouck de religieuses du

---

1 Sœur Colette Salomé est la seule novice qui ait quitté l'habit religieux de 1737 à 1780.

tiers ordre de Saint François à Mademoiselle Marie Norberte Facon fille légitime de Pierre Jacques Facon et de Marie Catharine La Roux, âgée de 17 ans et native de Steenvoorde, en qualité de sœur du chœur ; et à Isabelle Coussyn, fille légitime de Jean Coussyn et de Marie Catharine Derre, native d'Hazebrouck, âgée de 25 ans passés, en qualité de sœur converse dans le susdit couvent.

La première a été appelée sœur Bernardine de Saint Norbert ;

La seconde, sœur Antoinette de Saint Joseph.

En foi de quoi nous avons signé le jour, mois et année comme dessus.

F. Winoc Aucheel, Récollet vicaire du couvent de Cassel.
Sœur Carolyne Permeke superieure.
Sœur Isabelle Clare Maryn, discrette.

Sœur Bernardine Faucon
La marque + de sœur Antoinette Cousin, converse

PROFESSIONS.

Formule de profession.

L'an mil sept cent quarante huit, le neuf d'octobre, nous,
Claire Françoise De Kystpotter
fille légitime de Jean François de Kystpotter et de Pétronille de Brock, âgée de 17 ans, présentement nommée
Sœur Marie Victoire
avons fait profession du tiers ordre de notre séraphique père St François, au couvent des Sœurs grises d'Hazebrouck, après y avoir fait une année de probation, sans contrainte et de bonne volonté ; et avons prononcé nos vœux entre les mains du R.P. Emmanuel Boidart, vicaire actuel du couvent des Récollets de Cassel commis à cette fin par le très R.P.

Alexandre Doresmieux provincial de la province de St Antoine en Artois dans laquelle le dit couvent est situé.

Fait en la présence et sous la marque des présents témoins le jour et an que dessus.

F. Em. Boidart, vicaire des récol. de Cassel
S. Augustine Matsaert, superieure

Suster Marie Victoire de Kydtspotter.

Autre formule.

L'an mil sept cent soixante six, le onze aoust, moy, Sœur Marie Eugenie de St-Jacques ai fait profession du tiers ordre du séraphique père St François au couvent des Sœurs grises d'Hazebrouck, après y avoir fait une année entière de probation, sans contrainte et de bonne volonté, j'ay prononcé mes vœux entre les mains du R.P. Bertin Cauche, récollet, vicaire du couvent de Cassel commis à cet effet par le très révérend père Donatien Ansel, lecteur émérite et provincial actuel des Récollets de la province de St-Antoine en Artois.

En foy de quoy nous avons signé le jour, mois et an que dessus.

F. Bertin Cauche récolet, vicaire
S. Carolyne Permeke, moeder

Sœur Marie Eugenia Outters

Lorsque plusieurs novices faisaient ensemble profession, chacune d'elles prononçait la formule requise, mais un seul acte était porté au registre que toutes signaient ainsi que le montre la formule suivante :

L'an mil sept cent cinquante huit, le trente de janvier, nous, sœurs Marie Genevieve de St-Benoist et Marie Dorothée de St-Jacques, avons fait profession du tiers ordre de notre séraphique père Saint François, au couvent des sœurs grises d'Haezebrouck après y avoir fait une année entière de probation sans contrainte et [de] bonne volonté et y avons prononcé nos vœux entre les mains du Pere Benoist Vaesken récolet du couvent de Cassel et commis à cet effet par le très révérend père Alexandre Doresmieulx notre provincial actuel de la province de St Antoine en Artois sous laquelle ce dit couvent est situé.

En foi de quoi nous avons signé les jours, mois et an que dessus.

F. Benoist Vaesken, recolet
S. Marie Monique Bels, superieure

Suster Mary Genoveva De Quidt
Suster Dorothia Loones

DÉCÈS ET SÉPULTURES.

Formule de décès (1er registre).

L'an mil sept cent trente-neuf, le 17 de février, est ici en notre couvent trépassée Sœur Marie Constante Houve-nagel, enterrée le dix-neuf de février dite [année] dans la place des sépultures ordinaires.

Témoin, sœur M: R: Maryn suprieure.

Formule de décès (2e registre).

L'an mil sept cent quarante-neuf, le quatorze de juin, est décédée dans notre couvent *des Religieuses du tiers ordre de St François dans la ville d'Hasebrouc*, Sœur Isabelle Claire Maryn, *professe du dit couvent, âgée de 73 ans du monde, et de 55 de profession, jubilaire de 6, discrète du même couvent, native d'Haezebrouc*, et fut enterrée le 16 du même mois.

(Les lettres en italique ne se trouvent pas dans la première formule.)

En foi de quoi nous avons signé le jour, mois et an que dessus.

Fr. Jacques Caffein rec.
Sœur A. Matsaert, superieure.

Acte de décès (3e registre). — VAN PRADELLES.

L'an mil sept cent soixante-dix-sept, le 22 d'octobre, dans notre couvent des religieuses du tiers ordre de St François dans la ville d'Hazebrouck est décédée, sur les huit heures du matin,

Gabrielle Van Pradelles

religieuse professe du susdit couvent, âgée du monde soixante et huit ans, de religion quarante quatre, native d'Hazebrouck. Elle fut enterrée le vingt quatre du dit mois dans le cimetiere de ce couvent.

En foi de quoi nous avons signé les jour, mois, an que dessus.

F. Robert Allo, récolet. vic. de Cassel
S. Barbe Febvrier, superieure.

Acte de décès. — MARIE-ROSE MARYN — supérieure.

L'an mil sept cent quarante-cinq, le 15 de may, dans notre couvent des religieuses du tiers ordre de Saint François dans la ville d'Hazebrouck, est décédée sœur Rose Maryn, religieuse professe du dit couvent, jubilaire de 5 ans, ayant exercé l'office de mère supérieure l'espace de 27 ans, native d'Haezebrouc et fut enterrée dans l'église [1] du dit couvent, le dix-huit du même mois.

En foi de quoi nous avons signé le jour, mois et an que dessus.

F. Winoc Ancheel, Récol. gard. de Cassel.
S. C. Permeke, mère supérieure.

Sœur Isabelle Claire Maryn discrète.

---

1 M.-R. Maryn est la grande figure du couvent des Sœurs Grises d'Hazebrouck. Cette faveur accordée à ses restes renferme tout un chapitre d'éloges et de reconnaissance, et atteste une vie de sacrifices, de vertus et de dévouement.

SUPÉRIEURES.

LISTE DES SUPÉRIEURES
des Sœurs Grises d'Hazebrouck
depuis 1737 jusqu'en 1780.

(Les dates sont celles du premier et du dernier acte signés
par la supérieure.)

I.   Maryn (sœur Marie-Rose), 1737-1740.
II.   Permeke (sœur Marie-Carolyne), 1742-1745.
III.   Matsaert (sœur Marie-Augustine), 1747-1752.
IV.   Bels (sœur Marie-Monique), 1754-1758.
V.   Matsaert (sœur Marie-Augustine), 1759-1764.
VI.   Permeke (sœur Marie-Carolyne), 1765-1769 [1].
VII. Bels (sœur Marie-Monique), 1769-1773.
VIII. Febvrier (sœur Barbe), 1777-1780.

RELIGIEUSES.

*Liste des religieuses dont la vêture, la profession ou le décès
a eu lieu sous la direction des supérieures précitées.*

I.

Sous Marie-Rose Maryn,
de 1737 à 1740.

1. DOGE (Marie-Cornélie), fille de Jean Doge et de
Bernardine Damman, native du village de Leyseele ; —
reçut, à la vêture, le nom de sœur Jeanne-Rose Doge,
fit profession le 2 juillet 1737, à l'âge de 20 ans et
8 mois, entre les mains du R. P. Gérôme Courcol,

1 Sœur Caroline Permeke est morte le 28 octobre 1769. L'acte de décès
est signé « Sr Marie Monique Bels vicaire ». La nomination de cette der-
nière comme supérieure a dû suivre cette mort. Le premier acte que nous
remarquons ensuite est le décès de Sr Hauselier, 3 novembre 1770 ; il est
signé « Sr Marie Monique Bels *supérieure* ».

gardien des Récollets de Cassel, en présence de toute la communauté.

2. Van Dromme (Marie-Thérèse), fille légitime de Pierre Van Dromme, près Isabelle Faget, native de Lockeren ; — prit l'habit le 19 juin 1738, fit profession le 21 juin 1739, mourut le 13 décembre 1752, à l'âge de 39 ans, fut inhumée par le R. P. Geminien Favrez, récollet de Cassel [1].

3. Boddaert (Pétronille), fille légitime de Jean Boddaert, près Marie-Françoise de Groote, native d'Hazebrouck ; — prit l'habit le 25 août 1738, sous le nom de Marie-Dorothea Boddaert, fit profession le 26 août 1739, entre les mains du R. P. Gérémias Legrand [2], récollet de Cassel, mourut le 17 février 1744, à l'âge de 25 ans, fut inhumée par le R. P. Winoc Ancheel, gardien des récollets de Cassel.

4. Houvenagel (sœur Marie-Constance), mourut le 17 février 1739, fut enterrée le 19 « dans la place des sépultures ordinaires » [3].

---

1 L'acte de profession de Sœur Van Dromme et celui de Sœur Boddaert sont les seuls rédigés en flamand. Nous reproduisons celui de Sœur Van Dromme:
 « Desen 21 juni 1737 hebbe ick suster Mary Genoveva Van den H. Petrus,
 » in de weirelt ghenaemt Theresia Van Dromme, myn professie ghedaen met
 » eenen vryen wille sonder ghedwonghenthey[t]naer een vol jaer novitie
 » gheweest te hebben myn belofte ghedaen in de handen van den eer-
 » weerdighen pater Ceciliaen Poreie, recolet tot Cassel op den Uwenbergh,
 » ende suster Mary Rosa Maryn, Moeder en gheheel het ghemeente, tot
 » teecken der waerheyt hebbe dit onderteeckent oudt wesende 25 jaeren.
Pater Ceciliaen Porreye
Suster M. R. Maryn, Moeder.
Suster Mary Genoveva Van Dromme. »

2 Le P. Jérémie Legrand, récollet, remplissant en 1711 à Hazebrouck les fonctions de premier vicaire. — (*Note de M. C. David, communiquée par M. A. Bonvarlet*).

3 Le lieu ordinaire des sépultures était le cimetière du couvent qui se trouvait dans le jardin du cloître.
 « Le cimetière des Sœurs Grises d'Hazebrouck était situé entre les deux
 » ailes du bâtiment principal. On y a trouvé, lors de la construction de
 » l'Hôtel-de-Ville, un grand nombre d'ossements qui furent transportés dans
 » le cimetière paroissial. » — (*Note de M. l'abbé Lemire*).

5. De Doncker (sœur Marie-Joanna), mourut le 12 octobre 1739, fut enterrée le 14, « dans la place des sépultures ordinaires ».

6. La Leuvbe (sœur Anne-Thérèse), mourut le 11 février 1740, fut enterrée le 13 février, « dans la place des sépultures ordinaires ».

7. Moreet (sœur Bonaventure), mourut le 8 octobre 1740, fut enterrée le 10 octobre, « dans la place des sépultures ordinaires ».

II.

Sous Marie-Carolyne Permeke,
de 1742 à 1745.

8. Facon (sœur Marie-Norberte), fille légitime de Pierre-Jacques Facon et de Marie-Catherine Le Roux [1], native de Steenvoorde ; — prit l'habit le 5 août 1742, *âgée de 17 ans*, en qualité de sœur de chœur et sous le nom de sœur Bernardine, fit profession le 6 août 1743, *âgée de 20 ans* [2], entre les mains du RP. Winoc Ancheel, récollet, gardien de Cassel, en présence de toute la communauté.

9. Cousyn (Isabelle), fille légitime de Jean Cousyn et de Marie-Catherine Derre (suivant l'acte de vêture) et d'Arres (suivant l'acte de profession), native d'Hazebrouck ; — prit l'habit le 5 août 1742, *à l'âge de 25 ans passés* [3], en qualité de sœur converse, sous le nom de

---

1 L'acte de vêture porte « La Roux », et celui de profession « Le Roux ».

2 Du 5 août 1742 au 6 août 1743, il n'y a qu'une année. Sœur Facon ne peut avoir 17 ans à la vêture et 20 à la profession.

3 Bien passés, en effet, puisque l'acte de profession, rédigé l'année suivante, lui donne 33 ans.

sœur Antoinette de St-Joseph, fit profession le 6 août 1743, *à l'âge de 33 ans*, entre les mains du RP. Winoc Ancheel, récollet, gardien de Cassel, en présence de toute la communauté.

10. DE GELCKE (sœur Scholastique), mourut le 15 février 1742, fut enterrée le 15 février [1], « dans la place des sépultures ordinaires ».

11. VAN ACKER (sœur Delphine), religieuse professe, native d'Hazebrouck, mourut le 3 mars 1742, fut enterrée le 5 mars par le RP. Winoc Ancheel, récollet, gardien de Cassel.

12. MARYN (sœur Marie-Rose), native d'Hazebrouck, religieuse professe, jubilaire de 5 ans, ayant exercé l'office de mère supérieure l'espace de 27 ans, mourut le 15 mai 1745, fut enterrée dans l'église du couvent, le 18 mai, par le RP. Winoc Ancheel, récollet, gardien de Cassel.

Avec la supérieure, a signé, comme témoin, sœur Isabelle-Claire Maryn, discrète.

III.

Sous Marie-Augustine Matsaert,
de 1747 à 1752.

13. DE KYTSPOTTER (Claire-Françoise), fille légitime de Jean-François de Kytspotter et de Pétronille de Brock, native d'Hazebrouck ; — reçut l'habit à l'âge de 16 ans, le 8 octobre 1747, des mains du RP. Anastase Tuboise, gardien du couvent de Cassel, commissionné par le très RP. Alexandre Doresmieulx, provincial

---

1 L'inhumation aurait-elle eu lieu le jour même du décès ?

des RR. PP. récollets de la province de St-Antoine en Artois [1], prit le nom de sœur Marie-Victoire de St-Jean, fit profession le 9 octobre 1748, entre les mains du RP. Emmanuel Boidart, vicaire du couvent des récollets de Cassel, commissionné comme ci-dessus.

14. MAERENS (Marie-Louise), fille légitime de Théodore Maerens et de Marie-Catherine Vitses, native d'Hazebrouck; — reçut l'habit, à l'âge de 18 ans, le 8 octobre 1747, des mains du RP. Anastase Tuboise, commissionné par le très RP. Doresmieulx, prit le nom de sœur Marie-Jeanne de St-Joseph, fit profession le 9 octobre 1748, entre les mains du RP. Boidart, vicaire du couvent des récollets de Cassel, commissionné comme ci-dessus.

15. BONTE (Charlotte-Thérèse), fille légitime de Jean-Baptiste Bonte et d'Hélène Permeke, native de Poperinghe (paroisse Notre-Dame); — reçut l'habit à l'âge de 17 ans, le 14 octobre 1749, des mains du RP. Emmanuel Boidart, vicaire du couvent de Cassel, commissionné par le très RP. Valentin Desmaretz, provincial, prit le nom de sœur Marie-Scholastique de St-Benoît, fit profession le 20 octobre 1750, entre les mains du RP. Emmanuel Boidart, commissionné comme ci-dessus.

16. VAN MECHELEN (Léonore), fille légitime de Jean-Baptiste Van Mechelen et de Léonora Permeke, native de Poperinghe (paroisse St-Bertin); — reçut l'habit en 1750, à l'âge de 23 ans, des mains du RP. Boidart, commissionné par le très RP. Valentin Desmaretz, pro-

---

1 Nous supprimerons, à l'avenir, les mentions : « des RR. PP. Récollets » de la province de St-Antoine en Artois », dans laquelle le couvent d'Hazebrouck était situé.

— 17 —

vincial, prit le nom de sœur Anne-Thérèse de St-Jean-
Baptiste, fit profession le 7 février 1751, entre les mains
du RP. Patrice Vergracht, Pr: C: [1] récollet du couvent
de Cassel, commissionné comme ci-dessus.

17. BOLLAERT (Marie-Anne), fille légitime de Jacques
Bollaert et de Marie-Anne de Jonghe, native d'Haringhe ;
— reçut l'habit en 1750, à l'âge de 17 ans, des mains
du RP. Emm. Boidart, vicaire des récollets de Cassel,
commissionné par le très RP. Alexandre Doresmieulx,
provincial, prit le nom de sœur Rose-Constance de St-
Antoine, fit profession le 4 juillet 1751, entre les
mains du RP. Patrice Vergracht, commissionné par le
très RP. Valentin Desmaretz, provincial.

18. MARYN (sœur Isabelle-Claire), native d'Hazebrouck, mourut le 14 juin 1747, à l'âge de 73 ans,
professe de 55 ans, jubilaire de 6 et discrète du couvent, fut enterrée le 16 juin par le RP. Jacques Caffein,
récollet.

19. VAN AMANDEL (sœur Rose-Constance), native
d'Hazebrouck, mourut le 18 septembre 1749, à l'âge de
44 ans, professe de 22, fut enterrée le 22 septembre
par le RP. Emmanuel Boidart, vicaire des récollets de
Cassel.

20. GLASON (sœur Marie-Ursule), native de Dunkerque, mourut le 9 octobre 1749, à l'âge de 43 ans,
professe de 25, fut enterrée le 11 du même mois par le
RP. Emm. Boidart, vicaire des récollets de Cassel.

21. PERMEKE (sœur Marie-Thérèse), native de Poperinghe, mourut le 5 décembre 1749, à l'âge de 49 ans,

<hr>

1 Ces deux points sont au texte original.

2

professe de 29, fut enterrée le 6 du même mois par le RP. Emmanuel Boidart, vicaire des récollets de Cassel.

22. MOCKELIN (sœur Marie-Agnès), native d'Hazebrouck, mourut le 9 avril 1749, à l'âge de 67 ans, professe de 49, fut enterrée le 12 avril par le RP. Patrice Vergracht, récollet de Cassel.

23. DE BRUYNE (sœur Anne-Catherine), native de Poperinghe, mourut le 16 août, à l'âge de 52 ans, professe de 30, fut enterrée le 18 août par le RP. Emmanuel Boidart, vicaire des récollets de Cassel.

24. LIEBAERT (sœur Ernestine), native de Poperinghe, mourut le 30 mars 1752, à l'âge de 63 ans, professe de 38, fut enterrée le 31 mars par le RP. Patrice Vergracht, récollet de Cassel.

IV.

Sous Marie-Monique Bels,

de 1754 à 1758.

25. GHYS (Anne-Philippine), fille légitime de Jacques Ghys et d'Isabelle Faes, native d'Hondeghem ; — reçut l'habit le 29 août 1754, à l'âge de 22 ans, des mains du RP. Norbert La Rue, récollet, gardien du couvent de Cassel, commissionné par le très RP François Daniel Gricourt, provincial ; prit le nom de sœur Ursule de St-François, fit profession le 1er septembre 1755, entre les mains du RP. Jacques Caffein, vicaire des récollets du couvent de Cassel, commis à cette fin par le très RP. Alexandre Doresmieulx, provincial.

26. DE QUIDT (Adrienne-Joseph), fille légitime de Jean-Baptiste de Quidt et de Marie-Françoise Ronzau, native de Cassel (paroisse Notre-Dame) ; — reçut

l'habit le 6 février 1754, à l'âge de 23 ans, des mains du RP. Patrice Vergracht, récollet de Cassel, commissionné par le très RP. François-Daniel Gricourt, provincial ; prit le nom de sœur Marie-Joseph de Ste-Hélène, fit profession le 9 février 1756, entre les mains du RP. Caffein, vicaire des récollets de Cassel, commis à cette fin par le très RP. Alexandre Doresmieulx, provincial.

27. BOLLAERT (Françoise-Claire), fille légitime de Jacques Bollaert et de Marie-Anne de Jonghe, native de Steenvoorde ; — reçut l'habit le 6 février 1754, à l'âge de 21 ans, des mains du RP. Patrice Vergracht, récollet de Cassel, commissionné par le très RP. François-Daniel Gricourt, provincial ; prit le nom de sœur Isabelle-Claire de St-Patrice, fit profession le 9 février 1756, entre les mains du RP. Caffein, vicaire du couvent de Cassel, commis à cet effet par le très RP. Alexandre Doresmieulx, provincial.

28. DE ROO (Marie-Jeanne), fille légitime d'André de Roo et de Marie-Brigitte Terreninck, native de Cassel ; — reçut l'habit le 12 mai 1754, des mains du RP. Norbert La Rue, gardien des récollets de Cassel, commissionné par le très RP. François-Daniel Gricourt, provincial ; prit le nom de sœur Marie-Bénédicta de St-Andrea, fit profession le 13 mai 1755, entre les mains du même Père commissionné comme ci-dessus.

29. DELERUE (Marie-Rose), fille légitime de Jacques Delerue et de Marie-Catherine Pouvillions, native de Morbecque ; — reçut l'habit le 12 mai 1754, à l'âge de 16 ans, des mains du RP. La Rue, commissionné par le très RP. François-Daniel Gricourt, provincial ; prit le

nóm de sœur Mary-Constantia de St⁰ Jacobo, fit profession le 13 mai 1755, entre les mains du même Père commissionné comme ci-dessus.

30. DE QUIDT (Marie-Claire), fille légitime de Jean-Baptiste De Quidt et de Marie-Françoise Ronzau, native de Cassel (paroisse Notre-Dame) ; — reçut l'habit le 27 janvier 1757, à l'âge de 19 ans, des mains du RP. Jacques Caffein, récollet, commissionné par le très RP. Alexandre Doresmieulx, provincial, prit le nom de sœur Marie-Geneviève de St-Benoît, fit profession le 30 janvier 1758, entre les mains du même Père commissionné comme ci-dessus.

31. LOONES (Marie-Catherine), fille légitime de Gillin Loones et de Marie-Jeanne-Rosalie Boullut, native d'Hazebrouck ; — reçut l'habit le 27 janvier 1757, à l'âge de 20 ans, des mains du RP. Caffein, récollet, commissionné par le très RP. Alexandre Doresmieulx, ancien lecteur de théologie, ministre provincial ; prit le nom de sœur Marie-Dorothée de St-Jacques, fit profession le 30 janvier 1758, entre les mains du RP. Benoît Vaesken, récollet du couvent de Cassel, commis à cet effet par le Père provincial ci-dessus.

32. FAUCQUENBERGHE (Barbe-Pétronille), fille légitime de Martin Faucquenberghe et de Pétronille Bart, native de Dunkerque ; — reçut l'habit le 5 juin 1757, à l'âge de 20 ans, des mains du RP. Caffein, rec: et gardien des récollets de Cassel, commissionné par le très RP. Doresmieulx, provincial ; prit le nom de sœur Marie-Claire de St-Philibert, fit profession le 6 juin 1758 entre les mains du même Père commis à cet effet par le Père provincial ci-dessus.

33. De Coopman (Marie-Catherine), fille légitime de Pierre de Coopman et de Marie-Anne Verhaeghe, native de Steenbecque ; — reçut l'habit le 9 octobre 1757, à l'âge de 18 ans, des mains du RP. Caffein, rec: et gardien des récollets de Cassel, commissionné par le très RP. Doresmieulx, provincial ; prit le nom de sœur Marie-Rosalie de St-Pierre, fit profession le 10 octobre 1758, entre les mains du RP. René Montaigne, récollet de Cassel, commis à cet effet par le très RP. Denis Vétu, ancien lecteur en théologie, ministre provincial.

34. Dousenelle [1] (Jeanne-Barbe), fille légitime de Jacques-Joseph Dousenelle et de Robertine Vasseur, native de Staple ; — reçut l'habit le 2 juillet 1758, à l'âge de 20 ans, des mains du RP. Benoît Vaesken, récollet de Cassel, commissionné par le très RP. Alexandre Doresmieulx, provincial ; prit le nom de sœur Marie-Christine de St-Joseph, fit profession le 9 juillet 1759, entre les mains du RP. Montaigne, récollet de Cassel, commis à cette fin par le très RP. Denis Vétu, provincial.

35. Monet (Angéline-Jacqueline), fille légitime de Jacques et d'Adrienne-Brigitte De Quidt, native de Ste-Marie-Cappel ; — reçut l'habit à l'âge de 20 ans, des mains du RP. Vaesken, récollet de Cassel, commissionné par le très RP. Alexandre Doresmieulx, provincial ; prit le nom de sœur Marie-Thérèse de St-Augustin, fit profession le 3 juillet 1759, entre les mains du RP. Montaigne, récollet de Cassel, commis à cette fin par le très RP. Denis Vétu, provincial.

---

1 Plus exactement : Dousinelle. — (*Note de M. A. Bonvarlet*).

36. De Briever (Cécile-Claire), fille légitime de Pierre De Briever et de Jacqueline Quaeybeur, native de **Ste-Marie-Cappel** ; — reçut l'habit le 24 septembre 1758, à l'âge de 19 ans, des mains du RP. Réné Montaigne, récollet de Cassel, commissionné par le très RP. Denis Vétu, provincial ; prit le nom de sœur Anne-Catherine de St-Réné, fit profession le 24 septembre 1758, entre les mains du même Père commis par le même Provincial.

37. Lauwers (sœur Marie-Joseph), native d'Ostende, mourut le 27 décembre 1754, à l'âge de 86 ans, professe de 55 ans, fut enterrée le 29 du même mois par le RP. Jacques Mercier, récollet.

38. Bermant (sœur Marie-Claire), native de Poperinghe, mourut le 2 décembre 1756, à l'âge de 43 ans, professe de 24, fut enterrée le 4 du même mois par le RP. Philibert du Wamein, récollet de Cassel.

39. Soors (sœur Marie-Rosalie), native d'Outersteene, paroisse de Bailleul, mourut le 18 novembre 1756, à l'âge de 44 ans, professe de 25, fut enterrée le 20 du même mois par le RP. Geminien Favrez, récollet de Cassel.

40. Haverbeke (sœur Marie-Louyse), native de Bavinchove, mourut le 12 décembre 1756, à l'âge de 75 ans, professe de 46, fut enterrée le 14 du même mois par le RP. Benoit Vaesken, récollet de Cassel.

41. Minnaert (sœur Hyacinthe), native de Bailleul en Flandre (dit l'acte de décès), mourut le 26 octobre 1758, à l'âge de 55 ans, professe de 31, fut enterrée le 28 du même mois par le RP. Réné Montaigne, récollet de Cassel.

V.

Sous Augustine Matsart;
de 1759 à 1764.

42. Bello (Gertrude-Françoise), fille légitime de « Monsieur » Chrétien Bello et de Gertrude-Véronique Ruckebusch, native de Maires (Merris ?) ; — reçut l'habit le 25 septembre 1759, à l'âge de 18 ans, des mains du RP. Vaesken, récollet de Cassel, commissionné par le très RP. Denis Vétu, provincial ; prit le nom de sœur Marie-Delphine de St-Sixte, fit profession le 30 septembre 1760, entre les mains du RP. Eusèbe Jacko, récollet, commis à cette fin par le même Père provincial.

43. Salomé (Marie-Catherine), fille légitime d'Antoine Salomé et de Marie-Pétronille Barts, native de Morbecque ; — reçut l'habit le 24 octobre 1762, à l'âge de 21 ans, des mains du RP. Cauche, gardien des récollets de Cassel, commissionné par le très RP. François-Daniel Gricourt, provincial ; prit le nom de sœur Marie-Cécile de St-Bertin, fit profession le 22 octobre 1763, entre les mains du même Père commis à cet effet par le même provincial, mourut le 21 février 1772, « sur les neuf heures et demie du matin », à l'âge de 32 ans ; fut enterrée le 24 dudit mois, dans l'église du couvent, par le RP. Patrice Revel, récollet de Cassel, sœur Marie-Monique Bels étant supérieure.

44. Salomé (Marie-Jeanne-Rose), fille légitime de Matthieu Salomé et de Marie-Catherine Therale, native de Morbecque ; — reçut l'habit le 24 octobre 1762 [1], à l'âge

---

1 Le même jour que Marie-Catherine Salomé.

de 20 ans, des mains du RP. Bertin Cauche, gardien des récollets de Cassel, commissionné par le très RP. François-Daniel Gricourt, provincial ; prit le nom de sœur Marie-Coleta de St-Jean-Capistran.

Sœur Colette Salomé est sortie le 25 mai 1763 étant novice.

45. ASSEMAN (Barbe-Eugénie), fille légitime de Pierre-Augustin Asseman et d'Elisabeth Liou, native d'Hazebrouck ; — reçut l'habit le 5 août 1764, à l'âge de 20 ans, des mains du RP. Bertin Cauche, gardien des récollets de Cassel, commissionné par le très RP. Donatien Ansel, ancien lecteur de théologie, ministre provincial ; prit le nom de sœur Marie-Anne de St-Donatien, fit profession le 6 août 1765, entre les mains du même Père Cauche, vicaire, commis à cet effet par le même Père provincial.

46. CLEERCK (sœur Marie-Cécile), native de Bour (Borre ?), mourut « à deux heures après-midi » le 24 avril 1760, à l'âge de 70 ans, professe de 52, fut enterrée le 27 du même mois par le RP. Crespin Hachin, récollet de Cassel.

47. CAMERLYNCK (sœur Marie-Eugénie), native de Quienville (Hondeghem), mourut le 3 décembre 1761, à l'âge de 62 ans, fut enterrée par le RP. André Le Blanc, récollet de Cassel.

VI.

Sous Carolyne Permeke,
de 1765 à 1769.

48. UTTERS (Marie-Jeanne), fille légitime de Pierre-Jacques Outters et de Marie-Jeanne Van Acker, native d'Herzeele ; — reçut l'habit le 6 août 1765, à l'âge de

21 ans, des mains du RP. Cauche, vicaire des récollets de Cassel, commissionné par le très RP. Ansel, provincial ; prit le nom de sœur Marie-Eugénie de St-Jacques, fit profession le 11 août 1766, entre les mains du même Père Cauche, commis à cet effet par le même Père provincial, mourut le 29 septembre 1769 « à une heure de l'après midy », à l'âge de 26 ans, fut enterrée le 2 du mois d'octobre, par le RP. Cécilien Leeman, récollet de Cassel.

Témoin, sœur Marie Monique Bels, vicaire [1].

49. SCHACHT (Marie-Pétronille-Philippine), fille légitime de Matthieu-Joseph Schacht et de Marie-Jeanne Ghys, native d'Outille (Lynde?) ; — reçut l'habit le 12 septembre 1767, à l'âge de 17 ans, des mains du RP. Cauche, vicaire du couvent de Cassel, commissionné par le très RP. Denis Vétu, lecteur jubilé, provincial « pour la seconde fois des récollets d'Artois »; prit le nom de sœur Marie-Agnès de St-Jean-Baptiste, fit profession le 13 septembre 1768, entre les mains du RP. Réné Montagne, récollet du couvent de Cassel, commis par le même Père provincial.

50. VERMELLE (Marie-Catherine), fille légitime de Matthieu Vermelle et de Josèphe Van Hems, native d'Outille (Lynde ?) ; — reçut l'habit le 4 juin 1768, à l'âge de 28 ans, des mains du RP. Cauche, vicaire des récollets de Cassel, commissionné par le très RP. Vétu, provincial ; prit le nom de sœur Marie-Elisabeth

---

1 La supérieure signe comme témoin dans tous les actes. Au 2 octobre 1769, la supérieure Carolyne Permeke était sans doute gravement malade, puisqu'elle mourut vingt-six jours plus tard, le 28 octobre. Ce fait explique la présence, comme témoin du décès de Marie Outters, de la sœur-vicaire Marie Monique Bels.

de St-Pierre, fit profession le 10 juin 1769, entre les mains du RP. Montagne, commis par le même Père provincial.

51. VOGHEL (sœur Marie-Dominique), native de Morbecque, mourut « sur les onze heures de la nuit » le 23 novembre 1765, à l'âge de 87 ans ; fut enterrée le 26 du même mois par le RP. Bertin Cauche, vicaire des récollets de Cassel.

52. VANBELLE (sœur Marie-Françoise), native de Cassel, mourut « sur les six heures du soir » le 26 décembre 1767, à l'âge de 68 ans ; fut enterrée le 28 dudit mois par le RP. Bertin Cauche, récollet, vicaire de Cassel.

53. POURS (sœur Marie-Maura), native de Cassel, mourut « sur les cinq heures du soir » le 19 janvier 1768, à l'âge de 87 ans ; fut enterrée le 21 dudit mois par le RP. Bertin Cauche, récollet, vicaire de Cassel.

54. ROUSERÉES (sœur Marie-Séraphine), native de Poperinghe, mourut « sur les neuf heures du matin » le 23 janvier 1768, à l'âge de 79 ans ; fut enterrée le 25 dudit mois par le RP. Winoc-Marie Vander Mersch.[1]

55. PERMEKE (sœur Marie-Carolyne), native de Poperinghe, mourut « à sept heures l'après midy », supérieure du couvent le 28 octobre 1769, à l'âge de 64 ans, dont 47 de religion ; fut enterrée le 31 octobre par le RP. Momolin Ordouillié.

Témoin, sœur Marie-Monique Bels, vicaire.

---

1 Le 22 février 1743, elle signa « sœur Séraphyne Rouseré, mère Marthe », à la déclaration placée en tête du deuxième registre ; mentionné ci-devant.

VII.

Sous Marie-Monique Bels,

de 1769 à 1773.

56. Houvenaghel (Marie-Claire), fille légitime de Jean-Baptiste Houvenaghel et de Marie-Anne-Joseph Pierren, native d'Hazebrouck ; — reçut l'habit le 11 octobre 1771, à l'âge de 19 ans, des mains du RP. Bertin Cauche, vicaire des récollets de Cassel, commissionné par le très RP. Dorothé Scribe, « lecteur émérite », ministre provincial ; prit le nom de sœur Marie-Augustine de St-Jean-Baptiste, fit profession le 13 octobre 1772, entre les mains du même Père autorisé du même provincial.

57. Terwant (Marie-Augustine), fille légitime « du sieur » Matthieu Terwant et de Thérèse Van Vergeloo, native d'Hazebrouck ; — reçut l'habit le 2 mai 1772, à l'âge de 24 ans, des mains du RP. Bertin Cauche, vicaire de Cassel, commissionné par le très RP. Dorothé Scribe, « lecteur émérite », ministre provincial ; prit le nom de sœur Marie-Agathe de St-Matthieu ; fit profession le 4 mai 1773, entre les mains du même Père autorisé du même provincial.

58. Den Drael (Marie-Jeanne-Françoise), fille légitime de Matthieu Den Drael et de Marie-Catherine Denael, native de Cerque (Sercus) ; — reçut l'habit le 12 octobre 1772, à l'âge de 26 ans, des mains du RP. Cauche, vicaire de Cassel, commissionné par le très RP. Scribe, provincial ; prit le nom de sœur Marie-Cécile de St-François, fit profession le 9 octobre 1773,

entre les mains du RP. Jérémie Du Castel, récollet du couvent de Cassel, commis à cet effet par le très RP. Marin Merlo, ancien lecteur en théologio, ministre provincial.

59. Hauselier (sœur Marie-Apoline), native d'Hazebrouck, mourut le 3 novembre 1770 « sur les neuf heures du matin » à l'âge de 65 ans dont 48 de religion; fut enterrée dans le couvent le 6 du même mois par le RP. Jean-Marie Lourdel, récollet de Cassel.

60. Matsart (sœur Marie-Augustine), native d'Hazebrouck, mourut le 22 décembre 1770 « sur les cinq heures du soir » à l'âge de 71 ans dont 55 de religion, fut enterrée le 24 du même mois par le RP. Momolin Ordouillé, récollet de Cassel.

61. Loraty (sœur Norberte), native de Dunkerque, mourut le 25 mai 1771 « sur les quatre heures du soir » à l'âge de 74 ans dont 57 de religion, fut enterrée le 27 dudit mois dans l'église du couvent, par le RP. Patrice Revel, récollet de Cassel.

62. Permeke (sœur Anne-Claire), native de Poperinghe, mourut le 4 octobre 1773 « sur les huit heures du soir » à l'âge de 77 ans dont 55 de religion, fut enterrée le 7 dudit mois dans l'église du couvent, par le RP. Winoc-Marie Vander Meersch, récollet.

VIII.

Sous Barbe Febvrier,

de 1777 à 1780.

63. Schers (Catherine-Thérèse), fille légitime de Matthieu Schers et de Thérèse Colpaert, native d'Haze-

brouck ; — reçut l'habit le 30 août 1777, à l'âge de 25 ans, des mains du RP. Cauche, gardien des récollets de Cassel, commissionné par le très RP. Modeste Le Blond, ancien lecteur de théologie, vicaire provincial ; prit le nom de sœur Marie-Séraphine de St-Charles-Borromée, fit profession le 1ᵉʳ septembre 1778, entre les mains du même Père commis à cet effet par le même vicaire provincial.

64. Du Boe (Jeanne-Thérèse), fille légitime de Jean-Baptiste Du Boe[1] et de Françoise Mersseman, native d'Hazebrouck ; — reçut l'habit le 21 janvier 1780, à l'âge de 22 ans, des mains du RP. Bertin Cauche, gardien des récollets de Cassel, commis à cette fin par le très RP. Modeste Le Blond, vicaire provincial ; prit le nom de sœur Marie-Caroline de St-François.

65. Van Pradelles (sœur Marie-Gabrielle), native d'Hazebrouck, mourut le 22 octobre 1777 « sur les huit heures du matin » à l'âge de 68 ans dont 44 de religion, fut enterrée « le 24 dudit mois, dans le cimetière du couvent », par le RP. Robert Allo, vicaire des récollets de Cassel.

66. Verschaeve (sœur Théodore), native de Cassel, mourut le 24 décembre 1778, à l'âge de 92 ans dont 68 de religion, et jubilaire de 19, fut enterrée « le 26 dudit mois dans le cimetière du couvent », par le RP. Pillaert, récollet.

---

1 Le corps de l'acte porte Du Bois, mais la religieuse signe Şr M. Caroline Du Boe.

RELIGIEUSES.

*Noms des religieuses qui ont signé aux registres précédents,
mais desquelles nous n'avons trouvé aucun acte.*

67. BELS (sœur Marie-Monique) signe, comme supérieure, les actes de vêtures, professions et décès, d'abord de 1754 à 1758, puis de 1769 à 1773.

68. FEBVRIER (sœur Barbe), supérieure, signe, en qualité de témoin, les actes de 1777 à 1780.

PROCÈS-VERBAUX

*de décès et d'inhumation de personnes étrangères à la
communauté, mais habitant le couvent.*

Les vêtures, les professions et les inhumations étaient présidées par un RP. récollet du couvent de Cassel à ce délégué par le RP. provincial de la province d'Artois, dans laquelle le couvent d'Hazebrouck était situé [1]. Ce Père rédigeait et ensuite signait comme témoin les

---

1 Les trois registres de vêtures portent les noms des neuf provinciaux qui ont commissionné des RR. PP. Récollets de Cassel pour vêtures, professions ou sépultures, au couvent des Sœurs Grises d'Hazebrouck ; ce sont :

Les RR. PP. Alexandre Doresmieulx,
    Valentin Desmaretz,
    François-Daniel Gricourt,
    Denis Vétu,
    Donatien Ancel,
    Dorothé Scribe,
    Marin Merlo,
    Modeste Le Blond,
    Jean-Guillain Morelle.

procès-verbaux de ces actes aux registres de la communauté.

Mais si une personne décédée était pensionnaire ou seulement domestique, le supérieur des RR. PP. Augustins d'Hazebrouck constatait le décès et présidait à l'inhumation, ainsi que le témoignent les actes suivants :

DE VOGEL. — L'an de grâce 1754, le 12 décembre, est décédée, à dix heures du matin, dans notre couvent du tiers-ordre de notre père St-François dans la ville d'Hazebrouck,

Anne de Vogel, veuve

du sieur Austustin (*sic*) Van Belle

pensionnaire incorporée dans le dit couvent, native d'Hazebroucq, âgée de 72 ans. Elle fut enterrée le 14 du même mois.

En foi de quoi nous avons signé.

Le 18ᵉ du même mois 1754.

Fr. François Le Roy, *directeur* 1 et augustin.
Sœur Marie Monique Bels, supérieure.

RUSSEN. — L'an de grâce 1756 le dix de juillet, est décédé sur les dix heures du soir, dans notre couvent des religieuses du tiers ordre de notre père St-François, dans la ville d'Hazebrouq, Jean Russen, domestique dans le dit couvent, natif d'Hazebrouck, âgé de 31 ans. Il fut enterré le onze du même mois.

En foi de quoi nous avons signé.

Le 18ᵉ de décembre 1756.

Fr. François Le Roy, *directeur* et augustin.
Sœur Marie Monique Bels, supérieure.

---

1 Le supérieur des RR. PP. Augustins d'Hazebrouck aurait été, d'après cet acte, le directeur spirituel des Sœurs Grises.